SOCIÉTÉ

DES

INDUSTRIELS ET DES COMMERÇANTS DE FRANCE

60, Faubourg-Poissonnière, Paris

LE

MOUVEMENT DE LA LÉGISLATION

EN

MATIÈRE DE PROPRIÉTÉ INDUSTRIELLE

DANS LES DIVERS PAYS DEPUIS 1902

PAR

Georges MAILLARD

Avocat à la Cour d'appel

(Extrait de la Revue Internationale du Commerce, de l'Industrie et de la Banque)

PARIS

FÉLIX ALCAN, ÉDITEUR

LIBRAIRIES FÉLIX ALCAN ET GUILLAUMIN RÉUNIES

108, BOULEVARD SAINT-GERMAIN, 108

1906

SOCIÉTÉ

DES

des Industriels et des Commerçants

DE FRANCE

FONDÉE EN MARS 1895

COMITÉ D'HONNEUR ET DE PATRONAGE

MM. GODIN, Sénateur, Ancien Ministre.
LOURTIES, Sénateur, Ancien Ministre du Commerce.
MILLAUD, Sénateur, Ancien Ministre des Travaux publics.
NOËL, Sénateur.
POIRIER, Sénateur, Ancien Président de la Chambre de Commerce de Paris.
BARTHOU, Député, Ministre des Travaux Publics.
CAILLAUX, Député, Vice-Président de la Chambre des Députés.
CHAUMET, Député de la Gironde.
SIEGFRIED, Ancien Ministre.
CHARLES-ROUX, Ancien Député, Vice-Président de la Cie du Canal de Suez.
DELOMBRE, Ancien Député, Ancien Ministre du Commerce.
MILL (Louis), Ancien Député.
BOUQUET, Directeur de l'Enseignement technique au Ministère du Commerce, des Postes et des Télégraphes.
LEVASSEUR, Administrateur au Collège de France.
MOLINARI (de), Correspondant de l'Institut.
RAFFALOVICH (Arthur), Correspondant de l'Institut.
ROY (Gustave), Ancien Président de la Chambre de Commerce de Paris.

BUREAU DU COMITÉ GÉNÉRAL

Président. . . . . . . M. GASTON MÉNIER, Député.
Vice-Présidents . . . . M. YVES GUYOT, Ancien Ministre.
M. PINARD (A.), Président de l'Alliance syndicale du Commerce et de l'Industrie.
Secrétaire général. . . . M. JULIEN HAYEM, Manufacturier.
Secrétaire général adjoint. M. KLOTZ (Henry), Manufacturier.
Trésorier. . . . . . M. CHOUET, Ancien juge au Tribunal de Commerce.

SOCIÉTÉ

DES

INDUSTRIELS ET DES COMMERÇANTS DE FRANCE

60, Faubourg-Poissonnière, Paris

LE

MOUVEMENT DE LA LÉGISLATION

EN

MATIÈRE DE PROPRIÉTÉ INDUSTRIELLE

DANS LES DIVERS PAYS DEPUIS 1902

PAR

Georges **MAILLARD**

Avocat à la Cour d'appel

(Extrait de la Revue Internationale du Commerce, de l'Industrie et de la Banque)

PARIS

FÉLIX ALCAN, ÉDITEUR

LIBRAIRIES FÉLIX ALCAN ET GUILLAUMIN RÉUNIES

108, BOULEVARD SAINT-GERMAIN, 108

—

1906

LE MOUVEMENT DE LA LÉGISLATION

EN MATIÈRE DE PROPRIÉTÉ INDUSTRIELLE

DANS LES DIVERS PAYS DEPUIS 1902 (1)

M. Georges Maillard, avocat à la Cour d'appel de
Paris, remercie M. Julien Hayem de son aimable présen-
tation ; il est très heureux de se trouver au milieu de commerçants et d'industriels actifs et compétents: pour que
soient efficaces les efforts de ceux qui se préoccupent pratiquement de la défense de la propriété industrielle, il faut
qu'ils connaissent exactement les besoins des intéressés ;
c'est d'une collaboration très intime des industriels, des
commerçants et des juristes que pourront se dégager les
formules qui assureront la protection des droits des industriels et des commerçants, dans le domaine dit de la propriété industrielle. Il croit donc intéressant de faire connaître à la Société des Industriels et des Commerçants de
France les modifications qui ont été apportées, dans les
divers pays, à la législation sur la propriété industrielle ;
on se rendra compte du mouvement des esprits, des nécessités de la pratique internationale et on pourra étudier à
loisir ce qu'il y aurait lieu de conclure pour l'évolution des
lois françaises en cette matière.

Au Congrès du Commerce et de l'Industrie, à Ostende,
en 1902 (Compte rendu du Congrès, pages 116 et suivantes), M. Maurice Maunoury donné une vue d'ensemble de
propriété industrielle dans les relations internationales, et

---

(1) Communication faite à la Société des Industriels et des Commerçants
de France, le 13 avril 1906. Etude destinée à servir de rapport au prochain
Congrès de Milan, sous le titre énoncé en tête de la page.

fait connaître les dispositions de la Convention d'Union pour la protection de la propriété industrielle. Il est aisé de mettre ce travail à jour, et les intéressés pourront ainsi se renseigner sur l'état actuel des arrangements internationaux concernant la propriété industrielle.

Mais les conventions ne peuvent plus beaucoup se perfectionner si on ne perfectionne pas les législations intérieures : lorsque, dans un congrès, les plénipotentiaires cherchent à améliorer les conventions existantes, ils se heurtent à des difficultés d'ordre national ; si l'on demande, en faveur des étrangers, à l'un des représentants d'une nation, quelques concessions non conformes à la loi de son pays, il risque, en acceptant les propositions qui lui sont faites, de ne pas pouvoir les faire adopter par le Parlement. Il faut, si l'on veut avoir une action quelconque sur le développement international de la propriété industrielle, suivre l'élaboration des législations existantes et tendre à exercer, par la propagande des idées, une influence sur leurs transformations.

· C'est ainsi que l'Association internationale pour la protection de la propriété industrielle, qui va tenir ses congrès de pays en pays, après avoir étudié d'abord à Vienne la revision de la Convention d'Union de la propriété industrielle pour aboutir aux actes additionnels de Bruxelles (1897-1900), s'est mise à étudier, pour un certain nombre de questions, les bases sur lesquelles l'unification des lois serait souhaitable. Déjà, si l'on jette un coup d'œil sur l'activité législative de ces dernières années et sur les projets à l'étude, les points se marquent où les intérêts sont partout identiques, les tendances analogues et par suite l'entente sera possible dans un délai pas trop considérable : partout on recherche une meilleure conception de la marque de fabrique ou de commerce, on arrivera fatalement, de systèmes opposés, à une solution transactionnelle qui pourra être partout la même ; dans tous les pays le développement de l'art industriel nécessite une protection facile et effective des œuvres graphiques et plastiques appliquées à l'industrie et les mêmes nécessités conduiront un jour aux mêmes résultats; pour les brevets, les coutumes nationales sont plus diverses, les partis pris plus tranchés, il semble qu'il y ait un abîme entre les pays où les brevets ne sont délivrés qu'après examen préalable et ceux où ils ne sont qu'une sorte de donné-acte de la revendication de l'inventeur sans que le Gouvernement exerce aucun contrôle; partout la rigueur des systèmes cédera peu à peu aux besoins de l'équité et de la pratique, l'examen préalable ne sera plus qu'un déblaiement des demandes illusoires ou frauduleuses, dans les pays le plus hostiles à l'examen préalable la création d'un organisme administratif central pour la propriété industrielle et la publication intégrale des brevets mèneront tout doucement à une révision des demandes de brevets, d'abord au seul point de vue de la forme, puis éliminatoire au fond, dans une certaine mesure. Mais le moment n'est pas encore venu de dégager les conséquences de l'agitation qui se produit universellement autour des lois de propriété industrielle, ni d'esquisser les principes d'unification.

Contentons-nous simplement de noter cette fois le mouvement, pays par pays, des lois et des conventions depuis 1902.

LÉGISLATIONS INTÉRIEURES

Pays de l'Union de la propriété industrielle.

1° FRANCE.

L'année 1902 avait été, au point de vue législatif, une année prolifique : l'Espagne avait promulgué, le 7 juin, sa codification de la propriété industrielle; le législateur français, qui ne s'était pas occupé des dessins et modèles de fabrique depuis 1806 et de la loi sur les brevets depuis 1868, s'était décidé, par deux lois, du 11 mars et du 7 avril, à donner satisfaction aux réclamations les plus pressantes.

La *loi du* 11 *mars* 1902, qui, interprétant la loi des 19-26 juillet 1793, en assure le bénéfice aux *sculpteurs et dessinateurs d'ornement*, quels que soient le mérite et la destination de l'œuvre, a eu pour but de garantir pratiquement des contrefaçons les œuvres graphiques ou plastiques employées dans l'industrie. Il existe bien, dans la loi du 18 mars 1806 sur les conseils de prud'hommes de Lyon, des dispositions qui avaient été étendues à toutes les industries sur tout le territoire ; mais le fabricant qui revendique la propriété d'un dessin ou modèle doit l'avoir déposé, sous pli cacheté, au Conseil des prud'hommes ou, à défaut, au tribunal de commerce du lieu de sa fabrique, avant toute mise en vente ; les dispositions de la loi sont confuses et insuffisantes et ont été interprétées par une malheureuse jurisprudence. La loi du 18 mars 1806 n'est pas abrogée, mais désormais les auteurs ou cessionnaires d'œuvres plastiques ou graphiques employées dans l'industrie peuvent les faire protéger, sans autres formalités que celles prévues par la loi de 1793, c'est-à-dire qu'un dépôt n'est exigé que pour les œuvres imprimées ou gravées ou reproduites par un procédé similaire et qu'il suffit de l'effectuer, au Ministère de l'intérieur, avant d'intenter les poursuites, lesquelles peuvent porter sur des faits antérieurs au dépôt.

La *loi du 7 avril* 1902, réalisant une réforme d'équité, unanimement souhaitée, a accordé au *breveté* un *délai de trois mois pour le paiement de l'annuité* qui devait être versée, d'après l'article 32 de la loi du 5 juillet 1844, au plus tard le jour anniversaire de la demande de brevet, sous peine de déchéance : la déchéance peut être évitée moyennant une surtaxe de 5 francs pendant le premier mois, 10 francs pendant le second, 15 francs pendant le troisième. La même loi permet au breveté de stipuler que son brevet ne sera délivré qu'un an après le jour du dépôt de la demande, c'est-à-dire que, dans cet intervalle, la demande restera secrète. Elle impose, d'autre part, la publication intégrale des brevets par fascicules séparés, dont le prix de vente a été fixé à 1 franc par arrêté ministériel. En 1901 avait été créé, pour la centralisation des services administratifs de la propriété industrielle au Ministère du Commerce, l'Office national de la propriété industrielle, dont l'activité a été extrême, grâce au zèle infatigable de son directeur, malgré la modicité des ressources budgétaires dont il disposait.

Depuis 1902 rien, jusqu'à ces derniers temps, si ce n'est une loi du 1er août 1905 modifiant, et codifiant la législation sur la répression des fraudes dans la vente des marchandises, touchant indirectement la propriété industrielle puisqu'elle réprime les fausses indications d'origine des produits.

Une *loi du 1er juillet* 1906 vient de décider que les Français peuvent revendiquer l'application, en France et dans les colonies, des dispositions de la *Convention d'Union* de la propriété industrielle de 1883 ainsi que des arrangements, actes additionnels et protocoles de clôture qui ont modifié ladite convention, dans tous les cas où ces dispositions sont plus favorables que la loi française pour protéger les droits dérivant de la propriété industrielle, et notamment en ce qui concerne les délais de priorité et d'exploitation, en matière de brevets d'invention. La Convention d'Union modifie, en effet, la loi française, au profit des ressortissants de l'Union, notamment en leur accordant un droit de priorité, pour faire breveter leurs inventions, à dater de la première demande de brevet dans l'un des pays de l'Union, en les relevant de la déchéance pour introduction d'objets fabriqués à l'étranger conformément au brevet, en fixant pour eux le délai d'exploitation de l'invention brevetée, à trois ans de la demande de brevet, au lieu de deux ans à dater de la délivrance; on se demandait si, la loi approbative de la Convention ne dérogeant à la législation intérieure que dans la mesure où cela était nécessaire pour l'application de la Convention, les Français, alors qu'il n'y avait aucun rapport international en jeu, pouvaient bénéficier de la Convention, par exemple de l'augmentation du délai d'exploitation. La loi a fait cesser la controverse en répondant affirmativement pour la Convention d'Union et ses annexes ; mais il est acquis maintenant qu'il faudra une disposition spéciale de la loi pour appliquer aux Français, en dehors de tous rapports internationaux, les dispositions plus favorables des conventions futures, même en annexe à la Convention d'Union de Paris (1).

D'autre part, une *loi du* 11 *juillet* 1906, préludant aux mesures qu'on réclame pour assurer la sincérité des indications de provenance, et particulièrement pour révéler la véritable origine des produits étrangers, plus efficacement que par l'article 15 du Tarif général des douanes de 1892 (voir Congrès de l'Association française de la propriété industrielle, à Paris, en 1904), édicte que « *les conserves de sardines, de légumes* et *les prunes étrangères* ne pourront que sous la désignation de leur pays d'origine, être introduites en France pour la consommation, admises à l'entrepôt, au transit ou à la circulation, exposées, mises en vente ou détenues pour un usage commercial ; *l'indication du pays d'origine* devra être inscrite, sur chaque récipient contenant les marchandises, par estampage en relief ou en creux, en caractères latins bien apparents, d'au moins 4 millimètres, au milieu du couvercle ou du fond et sur une partie ne portant aucune impression ; la même indication devra être inscrite en lettres adhérentes sur les caisses et emballages servant aux expéditions ; les boîtes de conserves de sardines étrangères, d'un poids supérieur à un kilogramme, seront prohibées à l'entrée, exclues du transit, de l'entrepôt et de la circulation. Plusieurs propositions de loi ont, en outre, été votées par la Chambre, qui sont restées dans les cartons sénatoriaux.

Une proposition de loi avait été déposée à la Chambre des députés en vue de modifier les conditions dans lesquelles les apports de brevets doivent être faits dans une société : actuellement aucune cession ne peut être valable, à l'égard des tiers, qu'après avoir été enregistrée au secrétariat de la préfecture du département et ne peut être faite que par acte notarié après paiement de la taxe d'enregis-

---

(1) Cet alinéa et le suivant ont été ajoutés à l'issue de la communication du 13 avril 1906, en vue des discussions du Congrès.

trement. La jurisprudence n'exige pas ces formalités pour les apports de brevets en société. M. Chastenet demandait que, contrairement à cette jurisprudence, les apports de brevets fussent assimilés aux cessions.

Sa proposition a bien été adoptée par la Chambre, mais elle n'a pas été votée par le Sénat. Même sort est advenu à une proposition de loi sur les expertises médico-légales, qui avait été étendue à toutes les expertises et aurait eu un contre-coup grave sur les expertises en matière de contrefaçons industrielles. De même pour une proposition de loi sur les récompenses industrielles.

Une proposition de loi a été faite à la Chambre pour porter la durée des brevets à cinquante ans ; mais il n'y fut pas donné suite.

La nouvelle législature promet toute une série de lois remaniant la législation en vigueur sur la propriété industrielle. M. Trouillot, lorsqu'il était pour la première fois Ministre du Commerce, fut frappé des avantages de la codification espagnole et chargea la commission technique, qui venait d'être instituée auprès de l'Office national de la Propriété industrielle, de réunir en un ensemble les lois françaises éparses, mises au courant des améliorations reconnues nécessaires par l'expérience.

L'Association française de la Propriété industrielle, qui avait été fondée en 1890 sur l'initiative de l'ingénieur Émile Bert, prit les devants pour la préparation de cette réforme et dans une série de Congrès nationaux, à Lille, à Paris, à Angoulème, à Cognac, elle étudia des propositions de rédaction nouvelle des lois sur la propriété industrielle. Ces propositions ont servi de base aux travaux de la Commission technique qui a terminé l'élaboration de projets de loi sur les brevets, les marques, les dessins et modèles, les médailles et récompenses industrielles, le nom commercial et la concurrence déloyale, projets qui sont actuellement soumis au Ministre du Commerce.

Un projet relatif à la protection temporaire de la propriété industrielle pour les objets figurant aux Expositions étrangères a été déposé à la Chambre par le Ministre du Commerce (1).

2° États-Unis

Les ressortissants de l'Union de la Propriété industrielle protestaient fort contre la législation des États-Unis, qui n'était pas conforme à la Convention de Paris et à l'Acte de Bruxelles, signés par le Gouvernement, et était seule applicable aux États-Unis.

Il y avait bien dans la loi américaine la reconnaissance d'un droit de priorité en vertu de la demande primitive à l'étranger, mais il se trouvait paralysé par la disposition de la loi, qui veut que le droit au brevet appartienne réellement au premier inventeur qui a réalisé le premier l'invention aux États-Unis, non au premier déposant ; la jurisprudence du Patent Office refusait de considérer la demande au pays d'origine comme équivalant à la création aux États-Unis et accordait le brevet, sans se préoccuper du droit de priorité, à l'Américain qui justifiait avoir exploité l'invention aux États-Unis avant la demande de brevet aux États-Unis par l'étranger et avant l'introduction par celui-ci des objets à breveter.

Il y avait bien une loi sur les marques ; mais elle ne s'appliquait qu'à celles usitées dans les rapports des commerçants des États-Unis avec les pays étrangers et les tribus indiennes ; elle ne permettait donc pas de protéger préventivement les marques étrangères qui n'avaient pas encore pénétré aux États-Unis, et les dispositions contenues dans l'article 6 de la Convention d'Union faisaient défaut.

---

(1) Voir, pour la question de la protection aux expositions étrangères les lois italienne et allemande, plus loin p. 559 et 562. Le projet de loi français est sur un autre modèle ; il est fondé sur le principe de la loi française de 1868 et exige en conséquence, pour la constatation du droit, un certificat qui sera délivré par le commissaire général français de l'exposition, mais ce certificat ne conférerait, comme la protection temporaire en Allemagne et en Italie, qu'un droit de priorité.

Deux lois, l'une sur les brevets, l'autre sur les marques ont mis fin à cet état de choses.

La *loi du 3 mars* 1903, appliquant l'Acte de Bruxelles, dispose que la demande étrangère, si elle est suivie dans les douze mois pour les brevets, quatre pour les dessins, d'une demande aux États-Unis, produit les mêmes effets que si elle avait été faite, aux États-Unis, à la date primitive ; elle accorde aussi aux étrangers le bénéfice du *caveat*.

La loi du 20 février 1905 permet l'enregistrement des *marques employées dans le commerce entre les États et des marques des étrangers*, pourvu qu'elles soient enregistrées au pays d'origine et même si elles n'ont pas été employées dans le commerce avec les États-Unis ou une tribu indienne. Le droit se crée toujours par la priorité d'usage.

A signaler en même temps une loi du 5 *janvier* 1905 qui a réglementé l'emploi de l'*emblème de la Croix Rouge*. Il y a en ce moment dans tous les pays une tendance législative, énergique, à l'interdiction de la Croix de Genève comme marque.

3° GRANDE-BRETAGNE

Voici un pays de liberté où les intéressés réclament, pour les brevets, un contrôle un peu plus actif par l'administration et des mesures pour contraindre le breveté étranger à exploiter son invention dans le pays.

La *loi du 18 décembre* 1902 a introduit dans la législation britannique des brevets la recherche des antériorités par le Patent Office, mais limitée aux antériorités pouvant résulter de brevets britanniques demandés dans les cinquante années précédentes : le déposant est informé des antériorités; s'il maintient sa demande, le contrôleur des brevets pourra décider qu'il sera fait mention, dans le brevet, des spécifications antérieures; cette disposition n'est entrée en vigueur que le 1er janvier 1905.

Quand une invention brevetée n'est pas exploitée, en Grande-Bretagne, de manière à satisfaire aux exigences

raisonnables du public, elle peut faire maintenant l'objet
d'une demande de licence obligatoire ou en révocation de
brevet; si le Board of Trade accorde la licence ou révoque,
la Commission judiciaire du Conseil privé est appelée à sta-
tuer. La Chambre de commerce de Manchester dirige un
mouvement pour faire prononcer la déchéance au cas de
défaut d'exploitation ; mais elle n'a pu encore aboutir à
une mesure législative.

L'autre loi anglaise, 11 *août* 1905, a trait aux *marques de
marchandises*. La loi existante était très défectueuse à cet
égard, car elle n'admettait que certains signes déterminés,
pour la désignation des marques de fabrique. On n'accep-
tait de dénomination comme marque que si elle était sans
aucun apport avec l'objet lui-même. Ainsi les tribunaux
anglais déclaraient que le nom de *Beatrix shoes* n'était pas
une bonne marque de fabrique, car on aurait pu supposer
qu'il s'agissait de souliers pouvant servir à la princesse
Béatrix, que la marque *Solio* n'était pas une marque distinctive pour des papiers photographiques parce qu'il y avait
allusion au soleil qui agit sur ces papiers pour la reproduc-
tion des clichés. C'était l'impossibilité d'enregistrer la plu-
part des marques verbales françaises puisque les commerçants français sont habitués, au contraire, à rechercher,
comme marques, des dénominations qui, tout en ayant dans
la forme un caractère fantaisiste, rappellent pourtant les
qualités, la nature ou la destination du produit. La Chambre des lords a bien réformé la décision relative au papier
Solio et les tribunaux se sont trouvés enclins, par la suite,
à une moindre rigueur, mais le danger subsistait et les
Français en étaient réduits à essayer de faire protéger
leurs marques sans enregistrement, en vertu du *Common
Law*.

La nouvelle loi laisse plus de latitude dans le choix des
marques. On peut déposer (art. 8) : 1° le nom d'une com-
pagnie, d'un individu ou d'une maison, représenté d'une
manière spéciale ou particulière ; 2° la signature du déposant ou d'un de ses prédécesseurs ; 3° un mot inventé ou
des mots inventés ; 4° un ou plusieurs mots ne se rappor-

tant pas *directement* à la nature ou à la qualité des marchandises et ne constituant pas, dans leur acception ordinaire, un nom géographique ou un nom de famille ; 5° *toute autre marque distinctive*.

Par marque distinctive on entend, d'après l'article 3, tout emblème, toute marque à feu, tout en-tête, toute étiquette, tout ticket... toute lettre, tout chiffre ou toute combinaison de ces éléments qui (art. 8) « sera susceptible de distinguer les produits du propriétaire de ceux d'autres personnes. » Quant aux noms, signatures et mots, s'ils ne rentrent pas dans les cas prévus par les chiffres 1 à 4 de l'article 8 ils ne peuvent être enregistrés qu'en vertu d'une décision du Board of Trade ou de la Cour. Et l'on continue à respecter telles quelles les vieilles marques, c'est-à-dire celles antérieures au 13 août 1875.

Des dispositions intéressantes concernent le caractère de l'enregistrement ; elles se rattachent étroitement aux préoccupations qui dominent en France pour la réforme de la législation sur les marques.

En France, comme en Grande-Bretagne, le dépôt n'est pas attributif, c'est-à-dire que ce n'est pas lui qui crée le droit, il ne fait que constater et sanctionner le droit résultant de l'emploi. Cela paraît le système le plus naturel et le plus équitable ; mais il en résulte que celui qui a effectué le dépôt et se croit régulièrement propriétaire de la marque qu'il a employée se voit dépossédé par un tiers qui ne l'a jamais déposée, qui ne l'a peut-être employée que peu, quoique continuement, dans un rayon restreint, mais qui l'a employée avant le premier déposant. D'où un chantage par le premier usager qui menace de poursuites le premier déposant, lequel, s'il a exposé de grands frais pour le lancement de la marque, aimera mieux racheter les droits dont il est menacé. Pour remédier à cet inconvénient du système on a demandé, en France, dans ces dernières années, que le dépôt, simplement déclaratif en principe, devînt attributif après cinq années, c'est-à-dire qu'après ce délai la propriété de la marque ne pût pas être contestée au déposant, et on citait comme exemple le texte de la loi anglaise de 1883. Mais la jurisprudence, en Angleterre, n'avait pas pu appliquer strictement ce texte qui aurait mené à des conséquences bien plus abusives, en sens contraire, que le système du dépôt déclaratif pur et simple, puisque le créateur d'une marque qu'il n'aurait cessé d'exploiter se verrait dépossédé pour omission d'une formalité telle que le dépôt et faute d'avoir surveillé les enregistrements faits par les tiers ; elle permettait, même après les cinq années, de contester l'enregistrement si le signe ne répondait pas à la définition juridique de la marque ou si un usager antérieur au dépôt intervenait. Et voici que la loi de 1905, s'inspirant de la jurisprudence, spécifie (art. 41), en portant le délai de consolidation de l'enregistrement à sept années, que même après ce délai l'enregistrement ne pourra servir de titre contre un usager antérieur au dépôt, ce premier usager de la marque non seulement pourra continuer à s'en servir, mais pourra la faire enregistrer et la défendre contre tous, excepté contre celui qui l'aura déposée depuis sept ans ; en cas de fraude le délai de sept ans ne conférera aucune immunité au déposant.

Il faut continuer à tenir compte, en dehors de la législation sur les marques, du *Common Law*, c'est-à-dire du droit commun, qui permet à quiconque emploie un signe caractérisant ses produits d'interdire aux concurrents tout usage qui pourrait faire confusion ; c'est en se référant à ces marques protégées par le *Common Law* que la loi de 1905 précise que pour déterminer si une marque est susceptible d'être enregistrée comme susceptible de distinguer les produits du déposant, « le tribunal peut, s'il s'agit d'une marque déjà en usage, tenir compte du pouvoir distinctif que cet usage a, en fait, conféré à la marque pour ces produits. »

La loi prévoit la radiation de la marque lorsqu'il sera établi que le déposant n'avait pas l'intention de s'en servir ou lorsqu'en fait, il n'en aura pas usé, de bonne foi, pendant cinq années, pour les marchandises indiquées dans le dépôt, à moins que le déposant ne justifie que cette abstention est due non à la volonté d'abandonner la marque mais à des circonstances spéciales.

La loi maintient le registre spécial de Manchester, pour les cotonnades, celui de Sheffield, pour les produits métallurgiques du Hallamshire, et la pratique de Manchester qui exclut les marques composées de mots ou de lisières.

Sous le nom de *Special Trade Marks* la loi permet l'enregistrement, si le *Board of Trade* les juge utiles pour le public, de signes apposés par des associations ou des personnes pour témoigner qu'elles ont examiné des produits au point de vue de leur origine, de la matière qui entre dans leur composition, de leur mode de fabrication de leur qualité, de leur justesse et d'autres caractères.

On trouve encore, dans la loi, des dispositions nouvelles intéressantes, relatives à la procédure. Pour ces détails et pour l'analyse plus complète de la loi, voir dans *l'Annuaire de l'Association internationale de la propriété industrielle*, t. 9, Congrès de Liège, p. 429, le travail de M. Henri Mesnil, avocat français à Londres, tout particulièrement compétent.

4° ITALIE.

L'Exposition de Milan a été l'occasion d'une loi italienne, *du 16 juillet* 1906, pour la *protection de la propriété industrielle aux expositions*, conformément à l'article 11 de la Convention d'Union, révisé à Bruxelles, d'après lequel « les hautes parties contractantes accorderont, conformément à la législation de chaque pays, une protection temporaire aux inventions brevetables, aux dessins ou modèles industriels, ainsi qu'aux marques de fabrique ou de commerce, pour les produits qui figureront aux Expositions internationales, officielles ou officiellement reconnues, organisées sur le territoire de l'une d'elles (1). »

La loi italienne remplit complètement ce programme ; elle

---

(1) Alinéa ajouté depuis le 13 avril 1906 en vue des discussions du Congrès.

part de l'idée que la protection doit avoir lieu sans aucune formalité. Faculté est donnée au gouvernement d'accorder, par décret, promulgué au moins deux mois avant l'ouverture de l'exposition, la protection temporaire aux inventions et aux modèles et dessins de fabrique relatifs aux objets qui figurent dans les expositions, nationales ou internationales, organisées en Italie ou à l'étranger. La protection temporaire est une sorte de droit de priorité, qui remonte à un mois avant l'ouverture de l'exposition, à la seule condition que l'objet soit réellement exposé au plus tard dans le délai d'un mois depuis l'ouverture et que la demande de protection définitive soit présentée, par l'exposant ou un ayant cause, dans le terme de douze mois à partir de l'ouverture de l'exposition. Dans le cas d'une exposition à l'étranger, la protection temporaire ne pourra être accordée par le gouvernement italien que si elle est accordée par l'État étranger; la protection ne pourra dépasser le délai fixé par l'État étranger que si à l'expiration de ce délai, l'invention, modèle ou dessin a été protégé, au pays de l'Exposition, au moyen d'une demande régulière; alors l'inventeur jouira en Italie de la totalité de délai de douze mois pour régulariser sa situation (1).

Pour les expositions en Italie le décret appliquera, en outre, les dispositions suivantes : les inventions et les modèles et dessins de fabrique, relatifs à des objets exposés et déjà protégés par un brevet, sont considérés comme mis en pratique pendant toute la durée de l'exposition, au point de vue de l'obligation d'exploiter ; les objets exposés, dans lesquels on croit voir une contrefaçon d'un brevet ou d'une marque de fabrique, ne peuvent pas être saisis mais seulement décrits, dans l'enceinte de l'exposition ; les objets provenant de l'étranger ne pourront être ni saisis ni décrits, tant qu'ils se trouvent dans l'exposition ou en chemin pour ou de l'exposition, si le demandeur ne peut établir qu'il a la protection de la loi dans le pays originaire de l'objet.

---

(1) Cf. ce qui avait été fait en Allemagne ; voir plus loin, p. 562.

5° Danemark.

En Danemark on trouve une préoccupation analogue à celle du législateur anglais pour régler le conflit de droit entre le premier déposant d'une marque et celui qui a fait, le premier, usage de cette même marque ; une *loi du 29 mars* 1904 règle l'action du premier usager en *revendication de la marque enregistrée* par un tiers.

La *loi du 1ᵉʳ avril*, sur les *dessins et modèles* pouvant servir de types pour l'ornementation ou la forme extérieure des produits industriels est faite malheureusement d'après le patron, encore à la mode, des lois allemande et suisse : elle exige le dépôt avant toute exploitation, elle veut que le dessin ou modèle soit caractéristique et, pour les produits de l'industrie textile, elle ne considère comme caractéristiques que les dessins ornementés et décoratifs ; la durée de la protection est de quinze ans, par périodes de trois ans ; le dépôt ne peut être secret que trois ans; il y a déchéance si le déposant importe ou laisse importer de l'étranger des objets fabriqués d'après le dessin ou modèle.

6° Brésil

La loi brésilienne sur les *marques*, qui est à base d'examen préalable, a été légèrement remaniée par décret du 28 *septembre* 1904.

7° Japon

Les Japonais, qui, après s'être engagés, dans un traité de commerce avec la Grande-Bretagne, à adhérer à la Convention de la Propriété industrielle, ont effectivement réalisé leur adhésion, se sont créé une législation complète qu'ils viennent d'achever par une *loi du* 15 *février* 1905 sur les *modèles d'utilité*, à la manière allemande.

8° Pays-Bas

Les Pays-Bas bien qu'ayant adhéré à la Convention d'Union de 1883, n'ont pas encore de loi sur les brevets d'invention. Le Gouvernement néerlandais n'avait adhéré que pour protéger les marques de ses négociants et on ne se soucie guère, dans un pays à industrie restreinte, de protéger les inventeurs étrangers ou même néerlandais, la protection n'en restant pas moins acquise, en pays étranger, aux inventeurs néerlandais, de par la Convention d'Union, malgré l'absence de réciprocité de fait.

Le Gouvernement néerlandais semble avoir commencé des efforts sérieux pour mettre fin à cette situation, mais sans avoir encore décidé le Parlement. Un projet, soigneusement élaboré par une commission extra-parlementaire, a été déposé par le Gouvernement, mais n'a pas encore été transformé en loi.

9° Belgique

En Belgique il y a une loi bien faite ; cependant une certaine agitation s'est produite en vue de quelques réformes.

Pays ayant adhéré récemment à l'Union

1° Allemagne

L'adhésion de l'Allemagne, *le* 1ᵉʳ *mai* 1903, à l'Union de Paris et à l'Acte additionnel de Bruxelles, a été un événement important. Elle complète le groupement des grandes puissances industrielles et entraînera fatalement l'Autriche-Hongrie dans l'Union, le jour où les rouages communs à l'Autriche et à l'Hongrie se remettront en marche normale.

Mais l'adhésion ne porte pas sur les arrangements de Madrid concernant l'enregistrement international des marques et la répression des fausses indications de provenance.

Le premier rencontre quelques obstacles dans le régime allemand de l'examen préalable des marques ; l'Association internationale étudie en ce moment les moyens pratiques de rendre possible l'adhésion de l'Allemagne à l'enregistrement international.

Pour l'arrangement relatif aux fausses indications de provenance la pierre d'achoppement est la disposition de l'article 4 qui stipule que les tribunaux ne pourront considérer comme devenues génériques ces appellations régionales de provenance « des produits vinicoles » ; d'où il suit que le mot cognac ne pourrait plus s'appliquer, même en Allemagne, qu'à l'eau-de-vie des deux Charentes. De vives discussions dans les congrès de l'Association internationale de la propriété industrielle, à Berlin et à Liège, et des polémiques ardentes, dans l'intervalle des congrès, ont mis aux prises les distillateurs allemands et le syndicat de défense des eaux-de-vie de Cognac, sans qu'aucune mesure transactionnelle ait paru possible : il faudra que l'Allemagne renonce à l'usage du mot cognac pour ses produits ou reste en dehors de l'arrangement de Madrid. On a pensé à étendre à tous les produits tenant leurs qualités naturelles du sol la disposition spéciale aux produits vinicoles ; mais il est à craindre que cela ne complique la situation, au lieu de faciliter l'adhésion.

Sitôt entrée dans l'Union, l'Allemagne a donné le bon exemple en édictant une *loi du 18 mars* 1904, sur la *protection temporaire* des inventions, dessins et modèles et marques *dans les expositions,* pour se conformer à l'article 11 de la Convention d'Union (1). La protection temporaire est acquise, sans formalités, pour les Expositions auxquelles la déclare applicable une publication du Chance-

---

(1) Cf. la loi italienne, voir plus haut.

lier de l'Empire dans le *Bulletin des lois;* elle part du jour
de la mise en montre, à l'exposition, de l'objet contenant
l'invention, le dessin, le modèle ou la marque, elle écarte
les effets de toute antériorité ou divulgation depuis cette
date et donne priorité à l'exposant sur les demandes ulté-
rieures de protection légale au profit de tiers, pourvu que
l'exposant ou son ayant droit aient eux-mêmes réclamé la
protection définitive, dans les six mois de l'ouverture de
l'exposition.

La réforme de la loi sur les brevets est à l'ordre du
jour. On suivra avec intérêt les travaux de la Fédération
des industriels allemands, du Congrès des chimistes, de
l'Association allemande pour la protection de la propriété
industrielle.

A citer, pour mémoire, la *loi du* 22 *mars* 1902 concernant
la *protection de l'emblème de neutralité de la Convention
de Genève,* qui ne peut être employé comme marque par
des particuliers.

2° Cuba

La République Cubaine a adhéré à la Convention d'Union
. de Paris, aux Actes de Bruxelles et aux Arrangements de
Madrid, à dater du 1ᵉʳ *janvier* 1905.

Elle a une législation autonome sur la propriété industrielle.

3° Mexique

Le Mexique fait partie de l'Union, depuis le 7 *septembre* 1903.

Une *nouvelle loi* avait été promulguée le 25 août de la
même année.

Pour les *brevets* elle innove en ce que l'examen préalable porte seulement sur la régularité de la demande,
mais l'examen sur le fond peut être requis par le demandeur et par tout intéressé; elle contient un système par-
ticulier de licence obligatoire, qui remplace la déchéance

pour défaut d'exploitation, antérieurement supprimée ; elle
édicte la non-brevetabilité des produits chimiques. Les
dessins et modèles sont assimilés aux brevets.

Pour les *marques*, l'enregistrement ne peut plus être
contesté, après deux ans, par le premier occupant ; le dépôt
doit être désormais renouvelé tous les vingt ans ; une
mention doit distinguer les marques de fabrique et de
commerce ; enregistrement spécial pour les noms et les
avis commerciaux.

4° Ceylan

Accession de Ceylan à l'Union de Paris et à l'Acte de
Bruxelles, à partir du 10 *juin* 1905.

Pays non adhérents à l'Union

1° Autriche

En attendant que les circonstances politiques permet-
tent l'adhésion de l'Autriche, le Gouvernement poursuit la
préparation de lois réformant et complétant la législation.
C'est ainsi qu'il a déposé un projet de révision de la loi
sur les dessins et modèles et un projet de loi contre
la concurrence déloyale.

Une ordonnance du 2 mars 1904 a réglementé l'usage
de la Croix-Rouge.

2° Hongrie

De nombreuses associations hongroises travaillent à
l'adhésion de l'Autriche-Hongrie à l'Union de la Propriété
industrielle, c'est l'Association hongro-croate pour la protection de la propriété industrielle et littéraire, la Société
industrielle nationale, l'Association nationale des com-

merçants hongrois, qui a rédigé une proposition de loi pour la répression de la concurrence déloyale.

Il est impossible que des efforts aussi nombreux et persévérants n'aboutissent pas à un heureux résultat.

3° Russie

La Russie, dans son nouveau traité de commerce avec la France, s'est engagée à régler, dans le délai d'un an, les questions relatives à la propriété industrielle et les pourparlers pour une convention franco-russe vont commencer. Cela n'est pas très symptomatique d'une adhésion prochaine à l'Union; on se rappellera que dans le traité de commerce avec la Grande-Bretagne, c'était formellement à l'Union de Paris que le Japon promettait d'adhérer.

La réforme de la législation sur les brevets a été à l'étude en Russie : un projet a été préparé en 1903 par la Société technique impériale de Russie, un autre (voir la *Propriété industrielle*, de Berne, 1905, p. 9) par la section civile de la Société juridique.

4° Roumanie

L'adhésion de la Roumanie semble plus proche. Une loi du 13 janvier 1906, sur les brevets, est entrée en vigueur au mois d'avril. Elle est sur le modèle de la loi française, sauf brevets d'importation comme mesure transitoire et quelques points de détail. Une excellente disposition à retenir et à donner en exemple, notamment au législateur français : les recettes du service des brevets seront déposées à la Caisse des dépôts et serviront à la création de Musées et d'agences industrielles ainsi qu'à des subsides pour les brevetés pauvres.

5°. Bulgarie

Au contraire, mauvais exemple en Bulgarie. La récente loi sur les *marques, du 27 avril* 1904, est fort peu libérale : examen préalable, dépôt attributif après une année, nécessité de dépôt au pays d'origine, obligation d'inscrire pour certains articles le poids, la quantité, etc...

6° Australie

Le Common-Wealth australien, c'est-à-dire le groupement de toutes les colonies anglaises du continent australien, s'est créé une loi sur les brevets en 1903, d'après le type de la loi anglaise remanié en 1902, et une loi sur les marques en 1905.

7° Équateur.

Une déclaration de réciprocité, faite par le chancelier de l'Empire allemand, le 27 mars 1903, constate que dans l'Équateur les marques allemandes sont protégées comme les marques nationales.

La loi équatorienne sur les marques est du 12 octobre 1901.

8° Honduras

Loi sur les marques, dessins et modèles, du 7 *mars* 1902, à dépôt déclaratif.

9° Philippines

Lois du 6 *mars* et du 8 *avril* 1903, réglant la protection des marques (enregistrement déclaratif) et des noms et la répression de la concurrence déloyale.

10° Panama

La loi générale du 2 *juillet* 1904 contient des dispositions relatives aux brevets et aux marques et renvoyant à la législation colombienne.

11° Uruguay.

Une petite amélioration dans la législation sur les *brevets*, le droit fixe pour la demande a été réduit, par la *loi du 1er juillet* 1903, de 100 à 25 pesos (de 510 fr. à 127 fr. 50).

CONVENTIONS PARTICULIÈRES

1° Protection des marques en Chine

La Chine s'est engagée, dans des traités de commerce, avec la Grande-Bretagne en 1902, avec les États-Unis en 1903, à organiser la protection des marques par enregistrement ; envers le Japon. en 1903, elle s'engage à protéger les marques japonaises, comme au Japon.

Un projet a été préparé par le Gouvernement ; un contre-projet fut présenté par les Ministres européens ; le Gouvernement chinois prétend y apporter des amendements que les Ministres européens n'admettent pas. On en est là, sans beaucoup d'espoir, d'une entente immédiate.

Le Gouvernement chinois, dans le traité avec les États-Unis, s'est aussi engagé à créer un Bureau des brevets et à assurer aux Américains en Chine des certificats de protection basés sur les brevets qu'ils auraient obtenus aux États-Unis; mais rien n'a été fait.

Les États Européens ont alors paré au plus pressé et se sont efforcés, par des conventions entre eux, d'assurer aux Européens la protection de leurs marques au moins contre les Européens : d'après ces conventions, le demandeur a en Chine les mêmes droits qu'il a dans le pays du contrefacteur et l'action doit être jugée par le tribunal consulaire du défendeur, d'après la loi de son pays.

L'Italie, l'Autriche-Hongrie, la Belgique, la France, la Grande-Bretagne, les Pays-Bas ont signé des conventions semblables. Elles tendent à se généraliser : le Japon, l'Espagne, le Portugal font des ouvertures aux autres États dans le même but.

2° Cuba

La république cubaine a signé avec la France une convention du 4 juin 1904 ; elle a été ratifiée, bien que, dans l'intervalle, Cuba ait adhéré à la Convention d'Union ; la convention spéciale conservait de l'intérêt en ce qu'elle avait de plus favorable que l'Union.

Cuba a traité avec l'Italie (convention du 29 décembre 1903) sous le régime de la nation la plus favorisée.

3° France

Les traités passés par la France, avec la Colombie pour les marques (4 septembre 1901), avec Salvador pour la propriété industrielle en général (24 août 1903), ont été ratifiés et sont entrés en vigueur.

4° Italie-Allemagne

Une convention du 5 *juin* 1903 maintient les dispositions des traités antérieurs, plus favorables que la Convention d'Union.

5° Italie-Roumanie

Une convention relative aux marques est datée *des 24 mai-6 juin* 1903.

6° Belgique-Costa-Rica

Convention concernant les marques, du 25 *avril* 1902

7° Espagne-Grèce

Convention, pour les marques, dessins et modèles, du 23 *septembre* 1903.

8° États-Unis-Luxembourg

Convention du 23 *décembre* 1904, relative aux marques et stipulant le traitement du national.

9° Norvège-Russie

Convention sur les marques de fabrique et de commerce du 22 *août* 1903.

10° Convention pan-américaine

Elle lie Costa-Rica, Salvador et Guatemala.

Unification et simplification des formalités en matière de propriété industrielle.

Conformément au vœu exprimé par l'Association internationale de la Propriété industrielle, une réunion de délégués techniques, c'est-à-dire des chefs du service de la propriété industrielle, dans les principaux pays, a eu lieu à Berne en août 1904, sur l'invitation de la Confédération helvétique et sous l'impulsion de M. Henri Morel, le directeur du Bureau de Berne. Non seulement les États de l'Union de Paris y étaient représentés, mais aussi l'Autriche, la Bulgarie, la Hongrie et le Luxembourg.

On est arrivé très aisément à se mettre d'accord sur une

réglementation type des descriptions et des dessins, pour les demandes de brevets, et des clichés pour les marques ; on s'est entendu également sur la dispense de légalisation des pouvoirs du mandataire.

Il n'y a pas eu de convention signée ; mais il n'est pas douteux que les résolutions adoptées unanimement par les délégués trouveront leur écho dans les divers pays.

L'Allemagne, notamment, a mis tout de suite sa réglementation d'accord avec les décisions de la réunion technique ; en France, l'Office national de la propriété industrielle a examiné si des modifications au règlement français étaient nécessaires pour sanctionner l'accord.

On étudie maintenant au Bureau de Berne et dans les Offices nationaux la question plus délicate de l'unification des classifications.

Revision de la Convention d'Union

D'autre part, une tâche importante s'offre à tous ceux qui se préoccupent de la protection internationale de la propriété industrielle.

Prochainement la Conférence de revision de la Convention d'Union de Paris devra se réunir à Washington. Déjà, en 1905, le Gouvernement des États-Unis avait voulu convoquer la conférence. Il fut répondu qu'une convocation prématurée, aussitôt après la Conférence de Bruxelles, ne donnerait pas de résultats utiles et retarderait ainsi les améliorations qui sont à l'étude dans les Congrès et seront peut-être mûres pour Washington dans un an ou deux.

C'est le but principal de la réunion, à Milan, de l'Association internationale de la propriété industrielle, qui poursuit les études commencées à Berlin et à Liège.

Il est bon que les commerçants et les industriels appartenant à des groupements divers s'intéressent et participent à ces travaux qui devront assurer à leurs créations et à leurs marques la protection internationale.

Ces travaux je n'ai pas à vous les analyser. Vous les trouverez dans les publications de l'Association internationale de la propriété industrielle (1). J'ai voulu seulement vous apporter le reflet des idées qui s'agitent au dehors dans les discussions entre les intéressés et se fixent, au moins passagèrement, dans les lois. (*Applaudissements.*)

M. Julien HAYEM. — Vous voyez, Messieurs, que je ne vous avais pas trompés en vous disant que vous seriez charmés en écoutant la conférence de M. MAILLARD. J'espère qu'à Milan nous pourrons nous joindre à lui, pour collaborer sous sa direction aux travaux intéressants qui ne manqueront pas d'avoir lieu.

Je voudrais, Messieurs, si vous avez quelques observations à présenter à M. MAILLARD, que vous prissiez la parole.

M. Mathieu MAY. — Je suis confus de prendre la parole après M. MAILLARD, mais je voudrais lui dire que les renseignements que l'on fournit en France aux fabricants qui veulent déposer des marques sont absolument illusoires et je voudrais essayer de comparer à notre organisation celle du Patentamt allemand que je trouve tout à fait remarquable.

Lorsque nous déposons une marque en Allemagne par l'intermédiaire d'un avocat qui nous représente, nous recevons, trois ou quatre semaines après le dépôt, un avis du Patentamt nous indiquant la marque semblable qui a pu être déposée, de sorte que nous sommes mis en demeure, soit de retirer notre dépôt, soit d'y persévérer. Du moment que nous avons déposé une marque et qu'un monsieur X veut déposer une marque comparable on nous envoie le projet de dépôt de cette personne pour nous demander si nous formons opposition. Des centaines d'employés sont consacrés en Allemagne à ce travail ce qu'il serait impossible de faire en France avec notre système de dépôt déclaratif.

---

(1) Les travaux de l'Association internationale de la propriété industrielle se trouvent dans les *Bulletins* annuels qu'elle publie depuis 1897 (Le Soudier, Paris).

En outre nous ne pouvons nous rendre compte si telle ou telle marque a été déposée ; car c'est quelquefois seulement six mois après que nous exploitons une marque qu'on vient nous dire : votre marque a déjà été déposée par un autre commerçant. Notre Office de la propriété industrielle n'a pas pour nous une utilité réelle. Il en va autrement chez nos voisins : nous recevons constamment des avis du Patentamt allemand au sujet de marques semblables aux nôtres, pour lesquelles on a fait une demande de dépôt.

Le tribunal de commerce en France, d'autre part, n'est pas compétent, les trois quarts du temps, pour juger en cas de confusion de marques. Je crois préférable une juridiction préliminaire dans le genre du Patentamt allemand.

Si les différents États avaient des organisations semblables j'estime que nous arriverions à d'excellents résultats.

M. Maillard. — Vous paraissez désireux, Monsieur, de modifier la loi française d'après le système allemand, c'est-à-dire en instituant le dépôt attributif, et vous dites qu'avec ce système vous sauriez immédiatement, au moment de l'enregistrement, à quoi vous en tenir sur la valeur de votre marque. C'est tentant, évidemment, et le même désir a été manifesté récemment par bon nombre de commerçants français ; mais il faut songer que ce système a aussi ses inconvénients, surtout au point de vue des relations internationales, car si partout on adopte l'enregistrement attributif le fabricant qui aura omis de faire enregistrer sa marque dans un pays, par exemple parce qu'à l'époque de la création de sa marque il ne faisait pas d'affaires dans ce pays, se trouvera dépossédé ; même dans son propre pays le fabricant peut avoir, par erreur d'un employé ou par son erreur propre, oublié de déposer la marque qu'il emploie ou d'en renouveler le dépôt, le voilà encore dépossédé. Il ne faut pas oublier qu'il y a des marques pour lesquelles le dépôt, sitôt l'emploi, est impossible, car c'est quelquefois le public, plutôt que le fabricant, qui crée la marque : un fabricant de papier à cigarettes, Bardou, mettait, sur ses produits, ses initiales J. O. B. ; on s'est habitué à appeler son papier *papier Job* et la dénomination *Job* est devenue une marque si considérable que le fabricant en a fait son nom patronymique ; avec le système du dépôt attributif, un flibustier aurait pu songer à déposer la dénomination Job avant lui et s'en emparer. L'exemple de la jurisprudence anglaise qui a échappé au texte de l'ancienne loi pour éviter les conséquences du dépôt attributif, même alors que l'effet attributif ne se produisait qu'après cinq années, montre ce qu'a de choquant et d'injuste pareil système. Or, sans le dépôt attributif on ne pourrait jamais être renseigné sur la valeur de sa marque, on ne saura pas si quelqu'un n'a pas un droit préférable à la même marque.

Souhaiter qu'on puisse, avant d'employer une marque, savoir si elle est bonne, en la faisant enregistrer, cela se comprend ; mais ce mode de procéder peut aboutir à de flagrantes injustices.

En tous cas, il faudrait pour exercer l'examen préalable et renseigner promptement le déposant, comme en Allemagne, une organisation administrative comme le Patentamt, qui comprend une armée de fonctionnaires et que nous ne pourrions créer en France qu'à grands frais. Les grosses maisons peuvent encore trouver leur compte dans ces difficultés mises, dès le début, dans le choix d'une marque et où elles trouveraient ensuite une garantie pour la protection de la marque adoptée ; mais, pour les petits commerçants, cette obligation de soutenir au préalable une sorte de procès contre le Patentamt peut constituer une gêne réelle.

Puis il ne faut pas s'illusionner sur les garanties que donne le Patentamt. L'histoire de ses erreurs est longue ; il lui est arrivé d'accorder deux fois la même marque à des personnes différentes et d'accepter une marque qu'il avait refusée antérieurement.

J'aurais moins de confiance dans les fonctionnaires français que dans les fonctionnaires allemands et surtout dans la générosité du Parlement pour leur allouer un budget suffisant.

Il faut songer aussi que toutes ces complications du système allemand aboutissent à compromettre une marque si l'intéressé a laissé passer un délai accordé par le Patentamt pour contester une autre marque ou s'il a omis quelque formalité.

Les rigueurs de l'enregistrement ont paru si peu satisfaisantes, en Allemagne même, qu'on cherche à en atténuer légalement les effets et que la jurisprudence, un peu comme en Angleterre, a dû chercher dans la loi sur la concurrence déloyale un moyen de protection des marques en dehors de l'enregistrement, et alors on n'est jamais tranquille.

C'est à l'initiative privée de remédier aux inconvénients du système français, c'est aux intéressés de consulter eux-mêmes le registre des marques ou de le faire consulter par des hommes compétents et d'être au courant des marques réellement en usage dans leur commerce, en dehors de celles déposées. Déjà on peut avoir aisément à l'Office national, sur une marque déterminée, des renseignements dignes de foi mais qui ne sont que des renseignements sans garantie, n'ont aucune conséquence juridique, ne mènent à aucun refus et ne font courir aucun délai de forclusion.

Ne nous jetons pas plus avant dans le fonctionnarisme, ne remettons pas à l'État le soin de penser, d'agir et de combattre pour nous ; que nos commerçants conservent la saine habitude de se renseigner et de prendre eux-mêmes l'initiative de leur défense et ne s'en remettent pas à une protection automatique par la loi.

On peut, du reste, améliorer le système français, à peu près sur le modèle de la nouvelle loi anglaise, par exemple en donnant une force particulière à la présomption de propriété du premier déposant et en réclamant les modes de preuve de priorité et de continuité d'emploi.

M. Mathieu MAY. — Je me permets d'insister en disant

que si je pouvais consulter d'une façon régulière les demandes de dépôts de marque, je me rendrais facilement compte de l'intention de certains fabricants d'en déposer de semblables à la mienne. C'est ce que je peux faire en Allemagne.

Supposez que j'aie, par exemple, déposé dans ce pays la marque du *Phénix*. Il y a des concurrents qui vont faire des demandes pour un certain nombre de marques et il y en a qui en déposent jusqu'à cinq cents, à la fois. Il est indispensable que je sache, moi propriétaire de la marque du *Phénix*, si une marque semblable a été déposée. Je vais, dans ce cas, recevoir une note du Patentamt me disant : Telle personne vient de déposer telle marque.

Cela est très important, étant donné que dans nos industries qui travaillent pour l'exportation, nous sommes souvent exposés à rencontrer des contrefaçons chez les industriels allemands. Je crois donc qu'il serait d'un très grand intérêt que nous organisions de toutes pièces un système analogue à celui de l'Allemagne, le nôtre ne nous donnant qu'une garantie médiocre et nous mettant dans un état réel d'infériorité.

A l'issue de la conférence de M. Georges MAILLARD, le vœu suivant mis aux voix a été admis à l'unanimité :

« La Société des Industriels et des Commerçants de
« France émet le vœu :

« Que les différents pays modifient leurs législations
« intérieures en vue d'assurer plus efficacement le respect
« de la propriété industrielle en ce qui concerne notam-
« ment les indications de provenance et les marques d'ori-
« gine ou de fabrique.

« Et que des conventions d'unions s'efforcent de codi-
« fier et d'unifier, au point de vue international, toutes les
« modifications et améliorations réalisées dans les diffé-
« rents pays signataires des Unions et Conventions. »

Mayenne, Imprimerie Ch. COLIN.